MAITRE WOLFF

COMÉDIE

EN UN ACTE ET EN PROSE

PAR

Mme ADAM-BOISGONTIER

Représentée pour la première fois, à Paris, sur le théâtre impérial
de l'Odéon, le 7 septembre 1858.

PARIS

LIBRAIRIE THÉATRALE

14, RUE GRAMMONT

—

1858

PERSONNAGES

—

MAITRE WOLFF......................	MM.	TISSERANT.
FABIAN, son fils d'adoption.............		CLARENCE.
FRANK,		ROGER.
BALTHASAR, } élèves de Maître Wolff...		ARISTE.
GRÉGOIRE,		RIGA.
SUZANNE WOLFF......................	Mmes	MOSÉ.
GOTT, servante......................		SOLANGES.

AUTRES ÉLÈVES.

———

La scène se passe à Munich, en 1550.

Paris — Typ. Morris et comp., rue Amelot, 64.

MAITRE WOLFF

COMÉDIE

EN UN ACTE ET EN PROSE

PAR

Mme ADAM-BOISGONTIER

Représentée pour la première fois, à Paris, sur le théâtre impérial
de l'Odéon, le 7 septembre 1858.

PRIX : 60 CENTIMES

PARIS

LIBRAIRIE THÉATRALE

14, RUE GRAMMONT

—

1858

MAITRE WOLFF

Le théâtre représente un vaste atelier, chez maître Wolff ; chaque
élève est assis devant un pupitre étroit, supportant une bible
de dimensions moyennes, dont ils couvrent les marges de figu-
rines et d'arabesques. Fabian placé à droite du spectateur est
absorbé par son travail. A gauche, porte de sortie ; au fond,
porte de l'atelier particulier du maître et une fenêtre ouvrant
sur la place de Munich.

—

SCÈNE PREMIÈRE

BALTHASAR, GRÉGOIRE, FRANK, FABIAN, AUTRES ÉLÈVES.

FRANK, *se levant*.

A qui dira que Frank n'est pas artiste, je répondrai :
Messire, vous n'êtes qu'un âne !

BALTHASAR.

Sa Seigneurie est contente de son œuvre ?

FRANK.

On le serait à moins. (*Reprenant son pinceau.*) Un dernier
trait à ces ogives ; un peu de ton à ce ciel bleu.... Superbe !
— Ma foi ! il est fâcheux de n'être pas du grand concours.

BALTHASAR.

Lorsque Monseigneur, le grand-duc de Bavière, a voulu,
pour le quinzième anniversaire de la naissance de sa fille,
une Bible qui n'eût point sa pareille au monde, et qu'il a
ouvert un concours à cet effet, ce n'est pas sans raison que
les maîtres enlumineurs, et maître Wolff comme les autres,
en ont écarté les élèves.

GRÉGOIRE, *se levant*.

Quelle bouffée d'orgueil te monte à la cervelle, Balthasar ?
Crois-tu pas que nous, apprentis inhabiles, nous soyons à
redouter pour eux ?

BALTHASAR, *sentencieux.*

Aux aveugles, l'obscurité ! pourquoi nous exclure ?

FRANK, *descendant.*

Oui, pourquoi nous exclure ? — Que l'on défende l'exercice du métier avant la maîtrise, fort bien ! c'est l'usage ! Mais il s'agissait ici d'un fait exceptionnel, et l'exclusion ne devait point être permise.

BALTHASAR.

D'où part-elle, cette exclusion ? Des maîtres et non pas d'un arrêté du Grand-Duc ; qui nous oblige à l'accepter ?... Celui qui se résigne au frein, mérite l'entrave !

FRANK.

Bien dit ! Le frein me gêne, je l'envoie au diable ; le soleil m'invite, je vais au soleil ; mes ailes frémissent, je m'essaye ! C'est ce matin que ferme le concours ; c'est aujourd'hui même, à quatre heures, que l'heureux maître de la Bible choisie recevra la robe de pourpre et la couronne d'or ; je vais porter ma Bible aux Jurés.

GRÉGOIRE.

Tu es fou ! (*Balthasar remonte à son pupitre.*)

FRANK.

Oh ! ce n'est pas toi qui nous suivras, trembleur ! veux-tu la vérité, Grégoire ? Eh bien ! tu ne devais point entrer dans la noble carrière de l'art ; tu es né maçon !

GRÉGOIRE.

L'orgueil égare !

FRANK.

Le doute paralyse.

GRÉGOIRE.

Le talent ne mûrit qu'après des étés nombreux.

FRANK.

Le génie éclot en un jour !

GRÉGOIRE.

Entrer dans la lice sans être armé de toutes pièces, c'est chercher la défaite.

FRANK.

N'y oser point entrer, c'est être indigne du triomphe !

GRÉGOIRE.

Tu persistes ?

FRANK.

Ma foi ! oui. *Audaces*... etc.

GRÉGOIRE.

Fabian, l'entends-tu? (*Il remonte à Fabian, puis à son pupitre.*)

FABIAN, *sans emphase.*

Je l'entends.

FRANK, *à Fabian.*

Es-tu des nôtres?

FABIAN.

Moi! que j'ose lutter avec les maîtres!

FRANK, *allant à son pupitre.*

Parbleu !

FABIAN.

Dieu m'en garde !

BALTHASAR *descend et s'assied en face du bureau. Raillerie
méchante.*

Oh! pour cela, Fabian a trop le sentiment de ce qu'il doit
à maître Wolff.

FABIAN, *debout et ferme.*

En effet; oui, je me rappelle, avec une reconnaissance
profonde, que moi, enfant abandonné, j'ai trouvé chez maître Wolff l'abri, le pain, le vêtement, et l'affection qui les
fait accepter; et, en même temps qu'il prenait soin de mon
corps, c'est lui qui a éclairé mon esprit, échauffé mon âme
du feu sacré dont la sienne brûle, et guidé mon cœur dans
le droit chemin; mais, alors même que je ne me sentirais
point pour lui les sentiments d'un fils, l'idée ne me serait
jamais venue de mettre mon travail en parallèle avec le
sien !

BALTHASAR, *descendant.*

Magnifique ! D'un très-bon effet, si la charmante Suzanne
l'avait pu entendre.

FABIAN.

Balthasar, pourquoi parles-tu de Suzanne? (*Frank remonte la scène.*)

BALTHASAR.

Ce cher Fabian !

FABIAN.

Suzanne est un ange de pureté, dont le nom ne doit être
prononcé qu'avec le plus profond respect!

BALTHASAR.

Eh! oui, c'est un ange; et ce sont ces anges-là qui damnent les mortels.

FABIAN, *descendant.*

Balthasar, je te défends de parler de Suzanne!

BALTHASAR.

Oh! En sommes-nous là? Je te félicite, mon cher Fabian! Se faire aimer, quand on n'est rien, de la fille du plus riche d'entre les maîtres enlumineurs de Bavière, c'est adroit!

FABIAN.

Langue de vipère!...

GRÉGOIRE, *s'interposant ainsi que Frank et d'autres.*

Du calme! Vous savez bien que maître Wolf chasse de l'atelier quiconque y apporte le trouble. (*Ils remontent. Fabian ému, retourne à son pupitre; les autres élèves sont tous debout*).

SCÈNE II

LES MÊMES, GOTT.

GOTT.

Messires du concours numéro deux, j'ai l'honneur d'annoncer à Vos Seigneuries que la bière dorée petille dans leurs chopes, style de messire Frank, et que le fromage de Suisse se prélasse sur la table. (*Elle remonte.*)

FRANK, *bas à Balthasar.*

Viens-tu au concours?

BALTHASAR, *bas.*

Oui, mais, chut!

TOUS.

A table!

GOTT, *à Frank.*

Vous ne me dites rien, malhonnête? (*Elle lui tend la joue, Frank lui présente sa main à baiser.*) Hein? qu'est-ce que c'est que ces façons de Burgrave? Est-ce que, depuis que maître Wolf a bien voulu vous permettre de travailler sur le sujet du grand concours, vos pauvres têtes en sont devenues folles d'orgueil? Sa main!... Apprenez, messire, qu'on ne baise la main que des rois et des femmes.

FRANK.

Mademoiselle Gott, modérez votre langage.

GOTT.

Sa main !...

FRANK.

Vous ne savez point à qui vous parlez.

GOTT.

A un triste sire !... Sa main !

FRANK.

Mademoiselle Gott !...

GOTT.

Monsieur Frank !

FRANK.

Vous n'êtes qu'une mauvaise cook.

GOTT.

Et vous, qu'un mauvais barbouilleur.

FRANK, *courroux grotesque.*

Malheureuse ! traiter ainsi celui qui, ce soir peut-être, ceindra le laurier d'or !...

GOTT, *riant aux éclats.*

Le laurier sauce, tu veux dire ! Il faut que Suzanne Wolf soit régalée de cette nouvelle. (*Fausse sortie.*)

FRANK, *la retenant.*

Gott, je vous défends de dire un mot à ce sujet, ou je vous retire absolument mes bonnes grâces. (*Il remonte.*)

GOTT.

Et dire qu'on a la bêtise d'aimer ça !

SCÈNE III

Les Mêmes, MAITRE WOLFF. (*Maitre Wolff sort lentement de son atelier particulier ; il est pâle et grave, et porte sa Bible entièrement cachée sous un velours noir. Les élèves, muets et respectueux, lui font place.*)

WOLFF, *au fond à droite.*

Enfants, qu'aucun de vous ne sorte ! De retour dans une heure, j'examinerai vos bibles, et elles seront, par moi, impartialement jugées. Aux meilleurs travaux, la maîtrise ! (*Il sort.*)

TOUS.

La maîtrise !

BALTHASAR, à part.

C'est-à-dire le droit d'aspirer à la main de Suzanne !...

FRANK, à Balthasar.

Que décides-tu ?

BALTHASAR.

Qu'il faut obéir à maître Wolff, et qu'après la chose n'en sera pas moins exécutable.

FRANK.

Pour lors, au déjeuner !

TOUS.

A table ! (Tous, hors Gott et Fabian, sortent à gauche.)

SCÈNE IV

GOTT, FABIAN.

GOTT, en remontant.

Vous ne les suivez pas, messire Fabian ?

FABIAN, assis.

Je n'ai pas faim.

GOTT.

Bah ! on mange tout de même.

FABIAN.

Merci, Gott.

GOTT.

Messire Fabian, vous vous laissez trop entraîner par le travail.

FABIAN.

Laisse, laisse, ma bonne Gott ; le travail est le second bonheur de la vie !

GOTT, descend.

Quel est donc le premier ? (Fabian pensif ne l'entend point.) Le voilà parti pour le pays des visions ; son esprit chevauche dans les nuages ; eh bien ! un tel amant ne serait pas du tout mon fait. — Certes, monsieur Fabian a de doux regards, un son de voix caressant, toujours de bonnes paroles aux lèvres.... quand il parle ; néanmoins, je ne donnerais pas pour lui le petit doigt de ce mauvais sujet de Frank. Il faut qu'il déjeune, pourtant! Je vais lui expédier quelqu'un qui aura peut-être le pouvoir de s'en faire entendre. (*Elle sort à droite.*)

SCÈNE V

FABIAN, *seul. Il regarde sa bible.*

Concourir avec les maîtres, lorsqu'ici je vois tant d'incorrections, lorsque l'exécution est si loin encore de la pensée! — Oh! la pensée, céleste rêve! Elle apparaît pure et belle; veut-on la rendre? Ce ne sont plus qu'informes ébauches et grossières images! Dieu permet que l'on conçoive l'infinie beauté, mais à lui seul le droit de la montrer aux yeux. (*Feuilletant sa bible.*) Ce n'est pas cela que j'ai voulu; ces arabesques sont lourdes, les tons en sont crus; ces anges, ce sont de beaux enfants, frais et vermeils, mais où est le céleste amour qui doit diviniser leurs fronts? Où est l'hymne sacrée qui doit sortir de leurs lèvres? Cette Vierge est une femme et non point la mère du Christ; une fois encore, l'inspiration m'a saisi, j'ai compris, j'ai cru comprendre, et, manouvrier plutôt qu'artiste, je n'en ai pas su trouver l'expression. Ne m'abuserais-je pas? Le maître ne s'abuserait-il pas, tout le premier, en me traînant à sa suite dans la voie qu'il parcourt? Qui me dira que ma persévérance n'est pas de l'entêtement, que la fièvre dont je suis saisi n'est pas la fièvre d'une ambition folle?... Qui me dira que j'ai du talent?

SCÈNE VI

SUZANNE, FABIAN.

SUZANNE.

Moi, Fabian!

FABIAN.

Suzanne!

SUZANNE.

Oui, Suzanne, qui vous a entendu, aujourd'hui, et deviné depuis longtemps!

FABIAN.

Suzanne, prends garde à tes paroles; prends garde à

1.

ton accent; tu ne sais pas quelles cordes tu fais vibrer dans mon cœur! (Il descend.)

SUZANNE, *souriant, à part.*

Peut-être!... (*Haut.*) C'est donc moi, l'inexpérimentée, l'ignorante jeune fille, qui jamais n'ai touché un pinceau, c'est moi qui ose venir vous dire : Oui, tu as du talent! oui, la voie que tu suis est bien celle que tu devais suivre!

FABIAN.

Chère fille! et où puises-tu ta conviction?

SUZANNE.

Dans mon cœur.

FABIAN.

Mon travail est si peu ce que j'avais rêvé!

SUZANNE.

Montre-moi donc ta bible!

FABIAN.

Seul, un autre que moi la verra, jamais : le maître, dont le jugement...

SUZANNE.

Sera d'accord avec ma pensée! (*Réservée.*) Le maître qui, l'octroyant la maîtrise, te donnera ainsi le droit de prendre un atelier à toi, et de devenir le tout-puissant seigneur... de quelqu'un, dont l'affection sera le délassement de vos travaux, messire!

FABIAN.

Quel avenir tu évoques!

SUZANNE.

Celui qui vous attend.

FABIAN.

Cent fois ce tableau s'est offert à mes yeux; dans mon sommeil aussi bien que dans mes veilles; mais....

SUZANNE, *avec une tendresse contenue et désignant la bible.*

Tous ces bonheurs sont là!

FABIAN.

Hélas!

SUZANNE.

Mon père n'a-t-il pas toujours répondu à ceux qui lui demandaient ma main : « Un maître seul peut devenir mon fils! » Vous voyez bien, monsieur, qu'il faut que vous obteniez la maîtrise !

FABIAN.

Suzanne! Suzanne!... mais, non! habitués à vivre ensemble depuis de longues années, si tu t'abusais, si tu prenais une tendre et fraternelle affection ?... — (*Suzanne ne répond rien, mais le regarde longuement et avec une extrême douceur.*) — Non! non! tu m'aimes! tu m'aimes!... Sais-tu que c'est depuis bien longtemps, depuis toujours que, moi aussi, je t'aime? C'est depuis si longtemps que je ne pourrais pas dire la première heure de mon amour; avec mon sang il me semble qu'il a toujours coulé dans mes veines; il se mêle à toutes mes pensées; il est le mobile de tous mes désirs !... Ah! qui peut aimer comme j'aime ne saurait manquer de s'élever un jour !

SUZANNE.

Oui, oui, cher Fabian !...

FABIAN, *un peu de crainte.*

Cependant, je ne suis point le seul à t'aimer et à travailler pour te mériter! Balthasar, lui aussi, est un artiste, et plus habile que moi; s'il allait l'emporter sur moi! si je te perdais !... Mains impuissantes, que ne peut-on écrire ou peindre avec son cœur et son âme!... (*Remontant s'asseoir à son pupitre.*) Ne crois pas, pourtant, que je me soumette à te perdre, Suzanne! sache-le bien, je mourrai avant de te voir à un autre !

SUZANNE.

Vous ne mourrez point, car je serai à Fabian ou ne serai à personne.

FABIAN.

Chère aimée ! (*Il lui baise les mains avec ardeur.*)

SCÈNE VII

LES MÊMES, BALTHASAR, GRÉGOIRE, FRANK, AUTRES ÉLÈVES.

BALTHASAR, *à part.*

Seuls ensemble! (*Il descend.*) Oh! patience!

FRANK, *écoutant à la porte du fond.*

A nos pupitres! le maître monte les degrés.

GRÉGOIRE.

Mon cœur bat comme celui d'une fille auprès de son fiancé.

FABIAN, assis.

Mon sang se glace !

SUZANNE, bas à Fabian.

Du courage!

FRANK.

Le méchant quart d'heure !

SUZANNE, bas à Fabian.

Sois fort ! souviens-toi que mon amour te reste !

FABIAN, bas à Suzanne.

Hélas! ta voix même n'arrive qu'à mon cœur; le sens de
tes paroles échappe à mon intelligence troublée.

BALTHASAR, à lui-même et regardant Fabian et Suzanne.

Ne pouvoir m'aller mettre entre eux; ne pouvoir saisir et
intercepter leurs regards ! Que je sois maître, que Suzanne
soit mienne, et je me souviendrai de ce qu'aujourd'hui elle
me fait souffrir !

<h1 style="text-align:center">SCÈNE VIII</h1>

LES MÊMES, MAITRE WOLFF.

WOLFF.

Enfants, le vieil artiste vient de soumettre humblement
le fruit de ses veilles à l'examen des jurés ; à votre tour !
Depuis trois mois que pour nous le concours s'est ouvert, et que, pour vous, j'ai eu l'idée d'en ouvrir un sem-
blable, mes conseils ne vous sont point venus en aide ; vous
vous êtes essayés à marcher seuls et sans guide; aussi, les
tendances de chacun doivent se révéler, dans ce travail,
mieux qu'elles ne l'eussent pu faire par deux années de nos
études habituelles. Il me tarde d'en juger. (*Il va lentement
d'un pupitre à un autre, et feuillette chaque bible avec atten-
tion.*) Bonne volonté. — Effets cherchés. — Coloris frais et
pur, le dessin, enfants, le dessin! — Frank, qu'est-ce que
ceci? une Bible ou un recueil de récits bouffons? Sont-ce
là des créatures célestes, ou les convives attardés de quelque repas joyeux? Tout homme met de lui dans ses œu-
vres, tu le prouves une fois de plus: quitte l'enluminure
des livres sacrés, mon enfant; va-t'en à la recherche de
gais récits; c'est là, et là seulement qu'est ta voie.
(*Grimace d'humeur de Frank.*) Correct, exact, mais ressem-
blant à tout ce qui s'est fait et s'inspirant de partout;
Grégoire, mon fils, tuseras un copiste précieux, mais tu

ne saurais devenir créateur; le don sacré de l'invention
t'est refusé. — Balthasar, voilà qui est bien; du neuf, de
l'éclat; les démons, que terrassent tes saints anges, sont ef-
frayants de vérité, de douleur et de désespoir; tu as surpris
le secret des enfers. J'use de mon privilége de maître, et
te fais maître à ton tour !

BALTHASAR.

Merci! Vous me donnez plus que la maîtrise, vous me
donnez le bonheur et la vie! (*En disant ces mots, il regarde
Suzanne qui baisse les yeux; Fabian ne voit rien.*)

WOLFF.

Ta bible fermée, Fabian? ton front pâle, tes yeux pleins
d'angoisse! Un peu de calme, mon fils; tu as une organisa-
tion de femme; si, dans les situations ordinaires de la vie,
il faut à l'homme toute sa force pour arriver bravement au
bout de sa carrière, il faut à l'artiste les forces réunies de
deux hommes pour affronter son lot de douleurs. (*Il ouvre la
bible du jeune homme et tressaille; tous les élèves semblent sus-
pendus à ses lèvres; seul, Fabian tient obstinément ses yeux
baissés; Suzanne regarde le jeune homme avec une compas-
sion mêlée de tendresse.*) Enfant, c'est toi qui as fait cela?
c'est ta main qui a tracé ces lignes? Est-ce que Dieu t'a ouvert le ciel et prodigué des modèles divins? Ô suavité! ô pureté! Les mains de tes saintes s'étreignent dans une suprême
extase; leurs lèvres chantent les pieux cantiques; à les voir,
la piété glisse au cœur de l'homme, le pénètre, l'embrase,
l'enlève aux cieux !

FABIAN, *haletant.*

Maître ! (*mouvement divers des élèves.*)

WOLFF.

Tais-toi! tais-toi! Tu as fais un chef-d'œuvre! D'un
bond, d'un jet, tu as atteint à la perfection ! (*Il tourne rapi-
dement les feuillets de la bible de Fabian.*) L'âme, l'âme
partout; partout, la divine étincelle; partout, l'inspiration.
L'inspiration!... elle est là, là, dans ces arceaux élégants,
dans ces harpistes célestes, dans ces vierges pudiques; elle
y est à chaque page; celle qui suit semble l'emporter sur
celle qui précède; c'est beau! c'est beau ! c'est beau!... (*La
main du maître est tendue vers la bible. Fabian le contemple
avec stupéfaction. Suzanne joint les mains en signe de profonde allégresse; les élèves s'approchent tous et regardent
avidement.*)

2

BALTHASAR, *se reculant.*

Malédiction!

GRÉGOIRE.

Oui! oui! c'est sublime! c'est digne du grand concours!

PLUSIEURS VOIX.

Oui, oui, au grand concours la bible de Fabian!

WOLF, *à part, et changeant de visage.*

Que disent-ils?

GRÉGOIRE.

Elle aura la couronne d'or!

WOLFF.

La couronne... Qui parle de la couronne d'or? qui parle du grand concours?

GRÉGOIRE.

Sa place y est marquée; elle est digne de notre souveraine; elle est digne de la récompense suprême!

TOUS.

Oui! oui!

WOLFF.

Et moi?... (*Les Elèves baissent la tête et ne répondent point.*) Moi, dont un incessant travail a blanchi les cheveux et qui, depuis trois mois, n'ai d'autre pensée, d'autre désir, que le triomphe de ce jour; moi qui, depuis quarante ans, marche dans l'arène sans y avoir rencontré d'égal, je me verrais donc frustré du prix qui m'est dû? Je le verrais donc, lui, chétif, que j'ai fait ce qu'il est, revêtu de la robe de pourpre, le front ceint de la couronne d'or et proclamé le premier d'entre les maîtres? est-ce que cela se peut? La tête vous tourne, enfants, la tête vous tourne!

GRÉGOIRE.

Cette œuvre veut le grand jour; il y aurait injustice, il y aurait infamie à le lui interdire!

TOUS.

Oui, oui, infamie!

WOLFF, *dont la colère augmente à mesure qu'il parle.*

Infamie! On a osé prononcer ce nom devant moi! Ingrats pygmées, ce n'est pas hors des langes que cela voudrait planer aux nues! Prodiguez-leur donc les trésors de votre

expérience, échauffez-les donc du feu sacré qui vous anime,
passez donc de longues années à soutenir, à redresser leurs
pas chancelants, à leur apprendre le goût, à leur infiltrer
la science! A peine marchent-ils, qu'ils vous regardent du
haut de leur petit talent; à peine bégayent-ils, que c'est pour
vous crier infâme! Sortez, sortez tous! Je ne veux plus d'é-
lèves; je défends l'accès de mes ateliers; je vous chasse!
Allez-vous-en, beaux spadassins, allez essayer vos forces;
allez vous présenter dans l'arène; allez offrir vos chefs-
d'œuvre au concours; la robe de pourpre siéra bien à vos
chétives épaules; le laurier d'or fera bien sur vos fronts; il
dissimulera l'étroitesse de vos âmes et l'ingratitude de vos
cœurs!

FABIAN.

Maître!

WOLF.

Sortez! sortez! je veux vivre seul, avec le travail et Dieu!
Enlevez vos bibles, dressez-vous des autels, grisez-vous de
votre propre encens, je vous renie tous, tous! (*Il prononce
ces mots du seuil de son atelier particulier, où il entre, et dont
il ferme la porte avec violence. Suzanne a vainement essayé
de le suivre. Quelques Élèves sont sortis.*)

SCÈNE IX

SUZANNE, FABIAN, BALTHASAR, FRANK.

(*Fabian est tombé assis devant son pupitre, le front dans ses
mains; Suzanne semble plongée dans une triste médita-
tion.*)

FRANK.

C'est gracieux! nous voilà bien!

BALTHASAR, *bas à Frank.*

Je vais au concours.

FRANK.

Je te suis... Fabian! (*Il se dirige du côté du Fabian.*)

BALTHASAR, *bas à Frank et l'arrêtant.*

Que veux-tu faire?

FRANK, *bas.*

Engager Fabian à y apporter sa bible.

BALTHASAR , *bas.*

De quoi te mêles-tu?

FRANK, *bas.*

Cela me semble un devoir.

BALTHASAR, *bas, et entrainant Frank à gauche.*

Le premier devoir est d'arriver, et, plus de concurrents on se donne, moins de chances on garde!

FRANK.

Cependant!...

BALTHASAR.

Fais de la générosité; je t'y engage!

FRANK.

Un si admirable travail!

BALTHASAR, *vite.*

Qui ferait rejeter les nôtres! — Je n'aime pas Fabian, mais sa supériorité je ne la puis nier; il faut l'empêcher d'arriver, ou nous sommes perdus!

FRANK.

Mais c'est un crime!...

BALTHASAR.

Imbécile! ne fais rien, ne dis rien ; on ne te demande pas autre chose.

FRANK.

Je ne sais!...

BALTHASAR *prend la bible de Frank et la lui donne.*

Je sais, moi, que ta bible pourrait être proclamée; que, si la mienne était couronnée, j'obtiendrais avec la maîtrise la main de Suzanne; mais que, si la bible de Fabian paraît devant les jurés, c'en est fait de la tienne, de la mienne, de celles des maîtres, de toutes! — Viens! viens! (*Il entraine Frank.*)

SCÈNE X

FABIAN, *assis,* SUZANNE.

SUZANNE, *douce et triste, la main sur l'épaule Fabian.*

Fabian, ne veux-tu point, aussi, porter ta bible au concours?

FABIAN.

Ma bible !

SUZANNE.

La pensée ne t'en est-elle pas venue ?

FABIAN.

Non !

SUZANNE.

Cependant...

FABIAN, *se levant.*

Ah ! oui, en effet, ils disaient tout à l'heure... Ne le di-
saient-ils point?... ils disaient qu'elle y serait à sa place.

SUZANNE.

A peine s'il y a de cela quelques minutes, et tu en parles
comme d'un souvenir !

FABIAN.

Pouvais-je comprendre leurs cris, quand les paroles du
maître m'étreignaient au front et au cœur ? Dès l'instant
où, de sa parole puissante, il a déifié presque ce pauvre
travail, un voile s'est étendu sur mes oreilles et sur mes
yeux ; mille voix intérieures me répétaient : C'est bien, c'est
beau ! Suzanne avait dit vrai ; tu peux aspirer à la main de
Suzanne, Suzanne sera ta femme ! — Je voulais me jeter
aux genoux du maître ; je voulais lui dire : A vous ma vie,
à vous le dévouement le plus absolu, à vous mon âme après
le Seigneur, car vous m'avez fait ce que je suis, car je n'ai
rien en moi que je ne vous doive ! Mais sa voix a tonné, et
je n'ai plus rien vu, rien entendu ; et, maintenant, il me
semble sortir d'un rêve. (*Il descend.*)

SUZANNE.

Que vas-tu faire désormais ?

FABIAN.

Ce que je vais faire ? ma Suzanne ! J'ai du talent, le
maître l'a dit ; donc, j'aurai la maîtrise ; donc, tu seras ma
femme ; donc, le beau rêve de ce matin deviendra une
réalité enivrante ! (*Il lui prend la main. Suzanne baisse les
yeux et parait souffrir. Moment de silence.*)

SUZANNE.

Fabian, si tout cela devait rester à l'état de rêve ?

FABIAN.

Et pourquoi ?

SUZANNE.

Écoute-moi ; ne dit-on pas que l'aigle ne peut vivre dans
le voisinage d'un autre aigle ? que ses vastes ailes ont besoin d'un vaste espace, et que, deux aigles se rencontrant
sur la cime d'un mont, l'un des deux doit céder la place à
l'autre et chercher d'autres cieux ?

FABIAN.

C'est vrai.

SUZANNE, *hésitant.*

Si... pour que le vieux maître finît en paix sa vie, il fal-
lait que le jeune artiste...

FABIAN.

Achève !

SUZANNE, *avec chaleur.*

Eh bien ! oui, tes succès à Munich seraient la mort de
mon père ! (*Mouvement de Fabian.*) Je l'ai deviné, j'en suis
sûre !... Accoutumé depuis vingt ans à se voir le premier des
maîtres, jamais il ne pourrait se résoudre à descendre à la
seconde place, jamais il ne pourrait se résigner à l'obscurité !

FABIAN, *très-surpris.*

A maître Wolff, la seconde place !

SUZANNE.

Cette douleur le menace.

FABIAN.

Qui te fait parler ainsi ?

SUZANNE.

Je suis certaine d'avoir pénétré le cœur de mon père...
(*Plus bas.*) J'y ai vu, avec désespoir, la jalousie, la jalousie
implacable, qui fait pleurer des larmes amères et brûlantes,
qui empoisonne toute joie, qui corrompt les sentiments les
plus nobles ! Oh ! trouver dans son père, dans l'idole véné-
rée de toute sa vie, trouver cette honte ; mon Dieu ! quelle
douleur !

FABIAN, *avec orgueil.*

Le maître me redouterait ! (*Suzanne le regarde avec étonnement.*) Lui, maître Wolff, le premier de tous !... Ainsi,
ma bible présentée au concours pouvait... Oh ! je ne l'avais
pas compris encore !.. mais rassure-toi, Suzanne, Fabian
n'oubliera jamais que maître Wolff lui a servi de père ; il

n'abreuvera pas sa vieillesse d'amertume ; il ne touchera point à sa gloire, à supposer qu'il le pût. Cette gloire le suivra au tombeau, entière et intacte. (*Avec enthousiasme.*) Maître ! maître ! la crainte que je t'inspire me vaut toutes les couronnes d'or de la terre !

SUZANNE, *courbée devant Fabian.*

Oh ! Fabian ! je vous aime et je suis fière de votre amour !

FABIAN,

Dis ce que tu veux de moi, ordonnne, j'obéirai.

SUZANNE.

Mon père doit jouir d'un soleil pur jusqu'à son dernier jour, mais, toi, tu ne dois point faillir à la tâche glorieuse que Dieu impose à ceux qu'il inspire.

FABIAN,

Alors !

SUZANNE, *très-émue.*

Alors, tu quitteras Munich, tu quitteras la Bavière, tu t'en iras loin, bien loin, en France, où tu pourras acquérir la gloire qui t'est due sans que cette gloire te vaille un remords !

FABIAN.

Je partirai.... J'aime cette ville ; mon cœur s'y est ouvert à l'amour ; mon esprit à la lumière ; c'est égal, tu dis qu'il le faut, je la quitterai, nous partirons.

SUZANNE, *faible.*

Tu partiras !

FABIAN,

Seul !... Suzanne, tu ne peux pas vouloir cela ? Tu ne peux pas vouloir que je parte seul ?... que je renonce à la douce et noble joie de mériter un nom dans le pays où je suis né, c'est un sacrifice douloureux mais possible ; mais que je renonce à toi ! tu ne l'as pas dit, tu ne l'as pu penser !

SUZANNE,

Je suis nécessaire au vieillard.

FABIAN.

Et à moi ?... Oh ! tout ce que tu voudras, mais pas cela ; l'éloignement, l'exil, à la bonne heure, mais avec toi. Suzanne, tu es ma vie, ma lumière et mon âme ! Suzanne, on ne peut séparer l'âme du corps ; Dieu seul a ce droit.

SUZANNE, *lui prenant les mains.*

Mon bien-aimé, ce matin, je ne voyais dans la vie qu'a-
mour et joie; à présent, la vie m'apparaît comme une dou-
loureuse épreuve!... Mais, cette épreuve a un terme; on se
rejoint un jour, mon Fabian, on se rejoint pour ne plus se
quitter!

FABIAN.

Jamais je ne me résoudrai à ce long martyre de vivre tous
mes jours sans toi; c'est trop exiger d'un homme! Si tu es
une sainte, je ne suis qu'un homme et ne peux renoncer à
toi!

SUZANNE.

Je te l'ai dit, ce matin; ne pouvant être à toi, Suzanne ne
sera à personne; mais sa place est ici; l'enfant se doit au
père qui n'a plus qu'elle au monde. Faudrait-il laisser à
d'autres le triste et pieux devoir de recueillir sa dernière
parole, sa dernière pensée, sa bénédiction dernière? Pour-
rions-nous goûter un bonheur pur, là-bas, avec l'idée qu'ici
serait un pauvre homme, s'éteignant dans l'isolement et
l'abandon? Tu ne le voudrais pas, Fabian, tu ne le voudrais
pas!

FABIAN.

Hélas!

SUZANNE.

Va, le sacrifice a aussi son douloureux bonheur!

FABIAN.

Et... quand veux-tu... que je?...

SUZANNE.

Aujourd'hui, à l'heure même! Que le Seigneur t'inspire
je te laisse à ta pensée. (*Elle remonte à droite.*)

FABIAN.

Attends! Tiens, prends-la! Elle est la cause d'une joie
suprême et d'une suprême douleur; garde-la, en mémoire
de moi. (*Suzanne baise la bible et sort par une porte à gauche; au même instant, Frank rentre du dehors, sa bible à la
main et les cheveux en désordre.*)

SCÈNE XI

FRANK, FABIAN, *à son pupitre, assis et accablé.*

FRANK, *du fond, après une pause.*

Je suis incompris! je suis méconnu! mes compatriotes

sont des ânes! (*A Fabian.*) Croirais-tu qu'ils ne m'ont pas voulu admettre, même à examen? Y a-t-il assez de bâts, assez de brides, assez de fouets pour ces jurés stupides? O soleil, tu ne voiles point ta face! (*Transition subite.*) Tu pleures! qu'est-ce que cela veut dire? Tu te détournes de moi? Tu as peut-être entendu Balthasar, tantôt? Tiens, c'est un chien, un mauvais chien; n'y songe pas, ta main, cher Fabian! j'ai besoin que tu me donnes ta main! Si tu es malheureux, je le suis aussi, va! Munich, ville absurde, où triomphent l'ignorance et la corruption, où s'achète le suffrage, où le mérite crève de faim, si je n'avais ma bourse vide, je te fuirais en te couvrant de mon mépris!

FABIAN, *debout et grave.*

Veux-tu partir?...

FRANK.

Oui!...

FABIAN.

Viens avec moi...

FRANK.

Où ça?...

FABIAN.

En France.

FRANK.

Quand?...

FABIAN.

Tout de suite.

FRANK.

Et Gott?...

FABIAN.

Seuls, tous deux!

FRANK.

Tope!...

FABIAN, *à part.*

Je pourrai lui parler d'elle!... (*Tous deux s'éloignent par le fond; la porte de l'atelier particulier de Maître Wolff s'ouvre lentement.*)

SCÈNE XII

MAITRE WOLFF, *sombre et agité.*

Le temps passe, indifférent aux angoisses, indifférent à la
joie... Mon œuvre est dans leurs mains!... En ont-ils, à
loisir, censuré la ligne et condamné la pensée?... D'ici, je
les vois, l'œil à la piste de toute erreur, heureux presque
d'un manque de goût qu'ils se signalent à l'envi, comme si
leur perfection, à eux, montait en raison inverse de l'imper-
fection chez les autres!... Cependant, je défie tout ce qu'il
y a d'artistes en Bavière de faire mieux que je n'ai fait; je
les connais, je les défie tous!... (*Regardant autour de lui, et
presque bas.*) Ce ne sont pas eux que je crains; ce n'est aucun d'eux qui, pour la première fois de ma vie, m'ait fait
ressentir cette humiliation profonde de rencontrer un maître... un maître!.... là, où je croyais trouver à peine un
germe!... Oui, cet enfant a du génie... Qu'ai-je, moi?... un
talent acquis à force de labeurs... (*Assis devant le bureau.*)
Que fais-je?... de bons travaux, sans aucun doute... meilleurs que ce qui se fait, partout... au-dessous de ce qu'il a
fait, lui!... de ce qu'il fera surtout!... A moi, le vieux
maître, à rentrer dans l'ombre; à moi, d'apprendre l'ou-
bli!... Ah! pourquoi l'artiste ne meurt-il pas, en même
temps que périt sa gloire?... (*Il tombe assis, la tête dans ses
mains.*)

SCÈNE XIII

WOLFF, SUZANNE. *Suzanne entre doucement, et va s'age-
nouiller devant son père, dont elle prend et baise les mains
en silence.*

WOLFF, *debout et brusque.*

Que voulez-vous?...

SUZANNE, *douce et triste.*

Mon père!...

WOLFF.

Je veux être seul.

SUZANNE, *à genoux.*

Mon père bien-aimé, ne suis-je plus votre Suzanne?

WOLFF.

Bon! vous êtes celle qu'il aime et dont il est aimé! Encore une fois que me voulez-vous? Voyons, parlez! venez-vous m'annoncer le triomphe de votre amant, et, en bonne fille, supposez-vous qu'il faille m'en adoucir la nouvelle?

SUZANNE, *se levant.*

Mon père, vous souffrez bien pour me parler ainsi!

WOLFF.

Dites, dites, sait-on déjà qu'il est l'élu? A-t-il la robe de pourpre et la couronne d'or? Qu'il se hâte de s'abreuver à la coupe, puisqu'il lui est donné d'y boire; un jour pourra venir où elle lui sera violemment arrachée des lèvres!

SUZANNE.

Voici la bible de Fabian, mon père!

WOLFF.

Sa bible! Elle n'est point au concours?

SUZANNE.

Il n'a jamais eu la pensée de l'y présenter.

WOLFF.

N'a-t-il pas compris ce que disaient les autres? Ne sait-il pas ce qu'il a fait?

SUZANNE.

Il sait que vous êtes et son maître et son père, et voudrait vous demander votre bénédiction pour le voyage qu'il entreprend aujourd'hui même.

WOLFF.

Comment dites-vous?

SUZANNE, *larmes contenues.*

Que ce soir, Fabian aura quitté Munich pour toujours. (*Mouvement de Wolf.*) Les jeunes oiseaux sont désireux d'essayer leurs ailes.

WOLFF.

Et vous?

SUZANNE.

Moi, où puis-je être que vous ne soyez?

WOLFF.

Tu restes?

SUZANNE.

Votre place est en Bavière et la mienne est auprès de vous.
(*Moment de silence, pendant lequel Wolff, le dos tourné à sa
fille, les mains jointes et le regard fixe, semble abîmé dans un
douloureux combat.*)

WOLFF, *s'écriant.*

O jeunesse! âge des dévouements sublimes, aurore de la
vie, où l'on meurt avec enthousiasme, où l'on partage son
manteau, où l'on s'arrache le pain des lèvres, où l'on fait
au vieillard l'aumône de sa gloire!... Suzanne, allez me
chercher Fabian.

SUZANNE, *heureuse.*

Vous voulez?...

WOLFF.

Allez!

SCÈNE XIV

WOLFF, *seul.*

Se résoudre à quitter Munich! Trouver, dans le sentiment
d'un austère devoir, la force d'imposer silence à son amour.
Et elle, repousser la vie d'enchantements, mille fois rêvée,
pour s'attacher au vieillard!..... Dans ma tête et dans
mon cœur, que d'incertitude et de trouble! (*Il s'assied rê-
veur et tourmenté.*)

SCÈNE XV

WOLFF, FABIAN, SUZANNE *entre du fond.*

SUZANNE, *au fond, à Fabian.*

Va, mon Fabian, va lui montrer tout ce qu'il peut y avoir
de noblesse dans un cœur, et rappelle-toi!

FABIAN.

Je me rappellerai qu'il est ton père! (*Suzanne se retire
sans bruit, par la porte de gauche, qu'elle entr'ouvre, de
fois à autre, en témoignant de son anxiété.*)

FABIAN.

Maître !

WOLFF.

Prenez cette bible et venez au palais.

FABIAN, *stupéfait*.

Maître !

WOLFF.

Eh bien ! quoi ? avez-vous, tout seul, le privilége de comprendre un devoir et de l'accomplir ?

FABIAN.

Il serait possible ?...

WOLFF.

Votre étonnement est une injure, que je mérite, il est vrai, mais que vous pouviez m'épargner.

FABIAN.

Oh ! pardon ! pardon ! laissez-moi comprendre !... Voyez-vous, depuis ce matin, tant de choses ont bouleversé ma tête et mon âme... Maître, regardez-moi comme vous regardiez Fabian, votre fils par le cœur, celui qui vous doit tout et qui en est fier et heureux ! ma tendresse pour vous a-t-elle failli une heure ? ma reconnaissance n'a-t-elle point toujours été ardente, passionnée, sincère ? cher maître puis-je avoir démérité de vous ?

WOLFF, *moins dur*.

L'heure passe.

FABIAN.

Maître, une parole du cœur !

WOLFF.

Le moment décisif approche, venez au palais.

FABIAN.

Non, maître, non !

WOLFF.

Non ?

FABIAN.

Maître, par un mot vous avez fait de l'enfant un homme, de l'homme un artiste ; que feraient-ils de plus là-bas ? Désormais, je crois en moi parce que vous avez approuvé mon

travail; je n'y croirais pas plus quand l'univers entier y ap-
plaudirait.

WOLFF.

Vous faites trop d'honneur à mon jugement; ce qui est
mortel est faillible. C'est aujourd'hui que vous édifiez la
base de votre avenir; toute fausse délicatesse doit se taire;
ne tardez plus; suivez-moi !

FABIAN.

Maître, je n'irai point au concours.

WOLFF.

J'irai donc seul. (*Il prend la bible de Fabian.*)

FABIAN.

Ma bible ne sortira point d'ici !

WOLFF.

Mais tu ne vois donc pas, malheureux enfant, que ton
obstination fait ma honte ? Et, d'ailleurs, es-tu si assuré de
ton triomphe, que tu veuilles l'épargner au maître? On s'a-
buse, vois-tu; je puis m'être trompé; la couronne d'or ne
sera, peut-être, ni pour ton front ni pour le mien !... Elle
est remarquable l'œuvre de Balthasar, et il l'a portée au concours, je l'ai vu; et il a bien fait de l'y porter, c'est une
œuvre belle, belle d'horreur; eh bien! elle peut être choisie;
pourquoi pas ? C'est si sûr des jurés! c'est si juste! ça se
trompe si peu !... (*Changeant de ton.*) Que dis-je? ah ! je
sais trop que leur opinion sera loyale autant que sévère, et
que le jugement qu'ils prononceront sera sincère autant
qu'éclairé. Loin de moi la triste satisfaction de croire que
je suis victime! Le vulgaire se console du mal en se disant
qu'il est immérité; l'âme supérieure s'y résigne, en recon-
naissant qu'il est son juste salaire. — Viens !

FABIAN, *lui saisissant les mains.*

Non, maître !

WOLFF, *ému.*

Fabian !

FABIAN.

Votre Fabian que vous allez bénir aujourd'hui, pour que
cette bénédiction, gardée au fond du cœur, lui éclaire d'autres cieux et lui embellisse la terre étrangère.

WOLFF.

Fabian!... ah! si c'était le cœur qu'on eût à juger, il n'y aurait point de couronne qui fût digne de toi! Ne parle plus de
départ, de cieux étrangers, d'exil; je t'emmène à la gloire...
et si le démon lui-même ne s'y oppose, c'est ta bible que,
demain, ouvrira la jeune grande-duchesse, pour le premier
jour de ses quinze ans. Viens, viens!

FABIAN, *sans résistance.*

Oh! l'on ne meurt pas de bonheur! (*Ils sortent du fond.—*
Suzanne attend qu'ils aient disparu pour entrer en scène.)

SCÈNE XVI

SUZANNE, *seule.*

Mon père, mon noble père, que j'ai raison de t'adorer!
Mais, mon Dieu! que va-t-il advenir, là-bas? Oh! si mon
âme pouvait passer dans l'âme de ces terribles juges!
Que dis-je? où vont mes souhaits? à qui désirer la couronne? (*Elle va s'accouder sur la fenêtre qui donne dans la
place.*) Et dire que là! là!.. (*Elle désigne le Palais, qu'on est
censé voir.*)

SCÈNE XVII

GOTT, SUZANNE. (*Gott est entrée en pleurant.*)

GOTT.

Oh! Suzanne Wolff, si vous saviez! il part! il m'aban-
donne!

SUZANNE, *distraite.*

Qui?

GOTT.

Frank!... Mais, je m'y oppose; j'ai des droits; il m'a pro-
mis le mariage!.. Eh bien! malgré cela, je tiens de bonne
source : du maître cordonnier auquel il doit ses dernières
chaussures; c'est Job le tailleur qui le lui a dit, et il l'avait
appris du petit Christophe, auquel Frank a emprunté un sac
de voyage; mais s'il a compté que Gott soit fille à se laisser
abandonner... Est-il à plaindre? est-on vieille, chauve,
édentée, de méchante humeur? Moi, j'adore les artistes;

leurs manières, leur langage, leurs habits même, tout me plaît en eux ; à côté d'eux, les autres hommes ne sont pas des hommes. (*Suzanne hausse légèrement les épaules en souriant à demi, et continue de regarder dehors.*) Certainement, les artistes ça se permet bien quelques incartades ; mais, quand cela revient, comme c'est gentil, comme c'est câlin, comme ça vous dit de jolis mots!

SUZANNE, à part.

Quel martyre que l'attente!

SCÈNE XVIII

Les Mêmes, FRANK.

SUZANNE, quittant la fenêtre.

Frank!

FRANK, s'essuyant le front.

Ouf!

GOTT, remontant.

Je vous tiens! Ah! c'est comme cela que....

FRANK, se dégageant.

Laisse-moi tranquille! (*Se retournant vers Suzanne qui le regarde avec anxiété.*) Suzanne Wolff, Suzanne Wolff, c'est sublime!

GOTT.

Quoi?

FRANK.

Laisse-moi tranquille!

SUZANNE.

Eh bien?...

FRANK.

C'est beau! c'est!... Vive maître Wolff! vivent les jurés! vive Gott!...

SUZANNE.

De grâce, expliquez-vous!

FRANK.

Oui!... Je brûlais de savoir le résultat du concours, car j'avais vu votre père et Fabian se diriger vers le palais; mais comment y pénétrer? l'entrée en étant sévèrement interdite ! Pour lors, je me souviens.... ce que c'est que d'être d'une famille répandue.... je me souviens que, parmi les huissiers de la chambre, je dois avoir un cousin maternel, à n'importe quel degré; s'il a la fibre familiale quelque peu sensible, me dis-je!... En effet, il l'avait! Il m'entend, me reconnaît, me comprend, m'entr'ouvre une porte, je glisse un œil et je vois!...

SUZANNE *et* GOTT.

Achevez !

FRANK.

Un spectacle qui ne s'effacera jamais de mon souvenir : je vois le maître lui-même, tenant dans ses mains la bible de Fabian, parlant avec véhémence, en signalant les beautés; en faisant ressortir les mérites avec une abnégation, une générosité telles, que messieurs du chapitre, transportés par la perfection de ces deux ouvrages, de celui du maître et de celui de l'élève....

SUZANNE.

Qu'ont-ils fait?...

FRANK.

Ce qu'ils ont fait?... Ils ont fait une chose belle, une chose juste... ils ont couronné... deux vainqueurs!

SUZANNE, *avec un élan de reconnaissance et à genoux.*

Mon Dieu !...

FRANK.

Bravo! vivat!... Vivent les jurés! me suis-je écrié, oubliant où j'étais... Alors, sans plus de cérémonie, mon cousin m'a soulevé, enlevé, mis dehors... et me voilà!

GOTT.

C'est d'un brave cœur, de se réjouir ainsi de la joie des autres; on vous pardonne, et l'on sera madame Frank avant huit jours.

FRANK.

Oui!... c'est-à-dire... nous verrons! (**A** *la fenêtre.*)

SUZANNE, *s'élançant du côté de la fenêtre.*

Écoutez! écoutez!... (*Des fanfares se font entendre, et l'on entend crier.*)

VOIX AU DEHORS.

Vivent les jurés! vive maître Wolff! vive maître Fabian!...

FRANK, *désignant la place.*

Tiens, Balthasar n'a pas l'air à son aise... Voilà une journée qui lui vaudra de mauvaises nuits !...

SUZANNE.

Ils reviennent !... ils reviennent !... (*Elle court au-devant de son père et de Fabian, et, sur le seuil de la porte de gauche, tombe dans les bras de son père.*)

SCÈNE XIX

GOTT, FRANK, WOLFF, SUZANNE, FABIAN, ÉLÈVES. *Wolff et Fabian portent la pourpre et la couronne d'or.*

WOLFF, *à Fabian.*

Merci, mon Dieu ! d'avoir fait, d'un acte de justice, le plus grand bonheur de ma vie !... Fabian, voilà ta femme !

GOTT, *tendant à Frank une main qu'il prend de mauvaise grâce.*

Messire Franck, voici la vôtre !

FRANK, *regardant Gott.*

Ah ! bah !... Vivent les jurés !

FIN